TERREDIMEZZO
ORE

Chiara Dattò

L'Africa in città

Storie di coccodrilli, matematica e pozioni magiche

Samba è il mio nuovo amico, ed è fortissimo!
È nato in Africa - quella dei leoni e della
sabbia gialla e finissima - e a pallone
non lo batte nessuno.
Con la matematica
poi è un mago:
non c'è tabellina
che tenga.

"Le azzecca sempre tutte!"
sospirano i compagni di classe.

Io, invece, sono un somaro patentato,
i numeri mi fanno diventare matto.
E domani c'è pure compito in classe!
Così oggi studio con Samba, a casa sua.

"Lo sai che suo nonno è l'uomo più coraggioso
di tutta l'Africa?", mi avvertono i compagni.
"Lotta a mani nude con i coccodrilli!"

"Sua madre
prepara pozioni
potentissime..."

"Suo padre
parla tutti i giorni
con gli spiriti..."

"Imani, la sorella maggiore,
prega sempre la Dea della Terra,
che le regala frutti prelibati..."

"Poi c'è Abasi,
che è più grande
di Samba e di sua sorella
messi insieme, e torna sempre
a casa tutto bagnato. E sai perché?
Il Dio del Fiume lo porta con sé
in posti lontani..."

Eccoci, finalmente
siamo arrivati.

"Ciao Samba! E tu devi essere Marco. Avete visto che
bell'insettone? Attenti a non calpestarlo, però" ammicca
il nonno di Samba. "Niente paura, ora lo metto fuori.
Voi intanto andate a salutare la cuoca."

"Benvenuto, Marco!"
mi saluta la madre del mio amico.
Mmm... mai sentiti tanti buoni
profumini in una cucina sola!
"È quasi pronto. Nel frattempo andate
da Imani, che ha qualcosa da mostrarvi".

"Ehi, voi due, guardate un po' qui, che ve ne pare?"
ci blocca il papà di Samba.
"Bellissima vero? Dài Marco, provala,
chissà che non ti aiuti con le tabelline!"

Già, non si sa mai...

"Ragazzziiiii!
Che ve ne pare?" ci chiama Imani.
Caspita, che colori.
Non sapevo che la sorella di Samba
amasse il giardinaggio.
Del resto anche lei sembra un bel fiore.
Preferirei cento volte starmene qui,
fra queste piante, piuttosto che mettermi
a studiare.

"Mamma! Che fame!"
È arrivato anche Abasi.
"Uff, sono tutto fradicio: il rubinetto
della signora Rossi si è rotto di nuovo.
Marco, ci sei anche tu. Un uccellino mi ha detto
che per te oggi sarà una dura giornata...".
Abasi mi guarda e ride fragorosamente.

A TAVOLAAAA!!!

Accidenti!
Gli amici a scuola
avevano ragione:
le pozioni della mamma
di Samba sono davvero
strepitose.
Da leccarsi i baffi!

Chissà che tutta questa magia
non riesca a trasformarmi
in un genio dei numeri...

GRAZIE LETTORE!

per aver comprato questo libro da un venditore di strada. Con questo gesto sostieni infatti il **"Progetto di strada"** di **"Terre di mezzo"** (www.terre.it), un giornale in vendita di proposito **sulla strada** e non in edicola, che dal 1994 offre ai suoi venditori occasioni di dignità e integrazione attraverso una collaborazione concreta.

I nostri venditori sono stranieri che desiderano integrarsi in modo legale nel nostro Paese. E "Terre di mezzo", con la vendita ambulante di giornali e libri, offre loro un'opportunità. In questi anni circa 800 persone hanno venduto il giornale per periodi più o meno lunghi. E questo lavoro è stato uno strumento per vivere una vita dignitosa in Italia e sostenere le loro famiglie nel Sud del mondo.
Puoi riconoscere i venditori di "Terre di mezzo" da una tessera col nome e con la foto.
Per loro e per noi la vendita non è un'occupazione "di serie B" ma lavoro vero.

Se approvi il nostro progetto di integrazione, ti chiediamo di seguirlo e sostenerlo continuando a comprare dai venditori il giornale e i libri, di cui pubblichiamo qui accanto un elenco. I nostri libri (che trovi anche in libreria) fanno parte di collane nate per promuovere stili di vita sostenibili e accrescere la partecipazione civile. E per dare ascolto e visibilità alle città nascoste e a chi lavora quotidianamente alla costruzione di un mondo diverso.

Intanto grazie e buona lettura!

la redazione, i venditori e i volontari
di Terre di mezzo

TERREDIMEZZO
IL GIORNALE DI STRADA

PROGETTO DI STRADA: I NOSTRI PRODOTTI

I libri

**Il giorno in cui
il leone regalò una
coda agli animali**
Favole dell'Africa nera
Euro 7,50

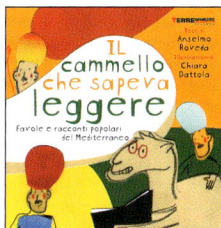

**Il cammello
che sapeva leggere**
favole e racconti popolari
dal Mediterraneo
Euro 7,50

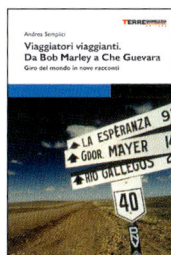

Viaggiatori viaggianti
Da Bob Marley
a Che Guevara
Euro 7,00

Le ricette di Pappamondo
- Cucina del Senegal
e dell'Africa nera
- Ricette a colori. Le migliori
ricette di Pappamondo
Euro 7,00

Babele 56
di Giorgio Fontana
Euro 7,00

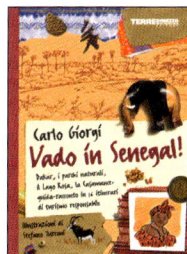

Vado in Senegal!
Guida-racconto in
16 itinerari di turismo
responsabile
Euro 7,50

Lavavetri
Il prossimo
sono io
Euro 7,00

Il giornale

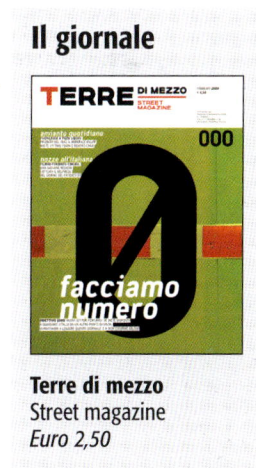

Terre di mezzo
Street magazine
Euro 2,50

TERRE DIMEZZO
E D I T O R E

Il catalogo dei libri
**La presentazione completa
dei libri è consultabile sul sito
www.terre.it/libri**

PERIFERIE
Lavavetri. *Lorenzo Guadagnucci 2008 - 7 €*
Quando nasci è una roulette. *Giovani figli di migranti si raccontano 2007 - 7 €*
La voce dei bambini d'Africa. *Storie e lotte di piccoli lavoratori, 2006 - 7,50 €*
Viaggiatori viaggianti. Da Bob Marley a Che Guevara
(9 racconti) 2006 - 7 €
Il momento è atipico. *Cinque dialoghi fra lavoratori precari e dipendenti, 2006 - 7 €*
Questa pelle è pulita. *Diario di uno straniero in carcere, 2006 - 7 €*
La grande casa di monsieur Diallò. *Diario di un viaggio di turismo responsabile in Senegal 2005 - 7 €*
Campioni senza dimora.
La favolosa storia di MultiEtnica la squadra di immigrati campione del mondo, 2005 - 10 €
Diario d'Africa *2004 - 7 €*
Un tè a Ramallah. *Diario di sei mesi di interposizione pacifica in Palestina, 2002 - 8 €*
La sporca guerra, *2002 - 8,50 €*
I pugni nel muro, *2001 - 7 €*
Il sogno ostinato. *Lettere dall'Africa, 2001 - 7 €*
N° 1 Clapham road. *Diario di uno squat 2000 - 7,24 €*
Oltre il fiume. *Diario indiano, II edizione - 7 €*
Di che colore è la mia paura. *Diario dalla malattia, II edizione - 8,50 €*

COLLANA DIARI
I DIARI DELL'ARCHIVIO
DI PIEVE SANTO STEFANO
Scusate la calligrafia, *2008 - 14 €*
Praga, radio clandestina, *2008 - 15,90 €*
Un giorno è bello e il prossimo migliore.

Un siciliano in Australia, *2007 - 14,50 €*
Cara sorella, caro fratello. *Lettere, 2006 - 10 €*
Rafiullah. *Via da Milano, tra i mujaheddin 2005 - 12 €*
Lontana terra. *Diari toscani in viaggio, 2005 - 12 €*
Ad alta voce. *Il riscatto della memoria in terra di mafia, vincitore del premio Pieve, 2004 - 10 €*
Masticare strada, diari randagi. *2003 - 13 €*
Il sapore del pane. *2003 - 10 €*
Appunti di guerra *Memorie e vignette di Vauro dall'Afghanistan, 2002 - 7 €*
I quaderni di Luisa. *Storia di una resistenza casalinga, 2002 - 7 €*
Il marito taciturno *2002 - 7,50 €*

ANTOLOGIE DEL CONCORSO
LETTERARIO DI TERRE DI MEZZO
Lontano dal cuore, *2008 - 7 €*
Folgorazioni. *L'evento che ha mandato in cortocircuito la tua esistenza, 2006 - 7 €*
Sirene. *Le voci del mare, 2004 - 7 €*
Radici e ali. *Racconti a margine 2001 - 6,71 €*

COLLANA NARRATIVA
Un sudario non ha tasche, *di Horace McCoy, 2008 - 14 €*
Babele 56, *di Giorgio Fontana, 2008 - 7 €*
L'ombra del cuoco, *di Valerio M. Visintin 2008 - 12 €*
Dai un bacio a chi vuoi tu
di Giusi Marchetta, 2008 - 7 €
L'interprete, *di Suki Kim, 2008 - 16,80 €*
Una cosa difficile come l'amore
di Alice McDermott, 2008 - 14,90 €
Non si uccidono così anche i cavalli?
di Horace McCoy, 2007 - 12 €
Faith, *di Amanda Davis, 2007 - 14,50 €*
26A, *di Diana Evans, 2006 - 16 €*
Viaggiatori viaggianti. Da Bob Marley a Che Guevara. *di Andrea Semplici, 2006 - 17 €*
Guerra a lume di candela
di Daniel Alarcón, 2006 - 14 €
Vecchi amici, *di Stephen Dixon, 2006 - 15 €*
GraceLand, *di Chris Abani 2006 - 18 €*
Mi chiedo quando ti mancherò
di Amanda Davis, 2005 - 16 €
Una vita senza conseguenze
di Stephen Elliott, 2005 - 14 €

I SINGOLI
Il segreto di Jack, *due racconti di Amanda Davis, 2007 - 6 €*
Guerra a lume di candela, *un racconto di Daniel Alarcón, 2006 - 7 €*

ALTRI TITOLI
La storia sui muri, *2008 - 25 €*
Gente come uno, *2008 - 10 €*
Mapu Terra, *2008 - 10 €*
Giochi tradizionali africani, *2007 - 7,50 €*
Voglio fare lo scrittore, *2007 - 12 €*
Esordienti da spennare. *Come difendersi dagli editori a pagamento, 2007 - 12 €*
Il cammello che sapeva leggere. *Favole e racconti popolari del Mediterraneo 2007 - 7,50 €*
Elikia. Storie dal Congo
di Frazzetta/Massarenti, 2007 - 18 €
Vauro. Clandestino. *20 anni di vignette sull'immigrazione, 2006 - 7 €*
La bella sposa grassa *e altre fiabe africane, 2006 - 7,50 €*
Il giorno in cui il leone regalò una coda agli animali. *Favole dell'Africa nera, 2005 - 7,50 €*
Fragili, resistenti. *I messaggi di piazza Alimonda, 2005 - 12 €*
Non usate il nostro nome, *2004 - 12 €*
Nero da morire. *75 vignette sui rapporti fra Nord e Sud del mondo, 2004 - 7 €*

COLLANA PEDAGOGIA E FORMAZIONE
Crescere diriti. *Guida pratica di educazione alla mondialità, 2008 - 10 €*
Gli stranieri per casa. *Storia di un progetto di integrazione, 2005 - 10 €*
Asfalto amaro. *Storie e metodi di educativa di strada, 2004 - 10 €*
La ribalta degli invisibili. *2004 - 10 €*

LE GUIDE
STILI DI VITA
Vivi con stile, *160 consigli pratici per una vita a basso impatto ambientale,* nuova edizione, *2008 - 10 €*
Viaggiare leggeri, *2008 - 12 €*
Cambio casa, cambio vita, *2008 - 10 €*
Gratis a Milano, Firenze, Roma, *2008 - 10 €*
Monelli ribelli. *Gli indirizzi per crescere bene, giocare e sopravvivere a Milano, 2007 - 10 €*